LA QUESTION SOCIALE.

LA QUESTION SOCIALE

RAPPORT

PRÉSENTÉ

AU CONGRÈS DE LAUSANNE

LE 27 SEPTEMBRE 1871

Par Ch. LEMONNIER.

PARIS

LIBRAIRIE DE JOËL CHERBULIEZ

33, RUE DE SEINE, 33

M DCCC LXXI

LA QUESTION SOCIALE.

Rapport présenté au Congrès de Lausanne,
le 27 septembre 1871.

Mesdames et Messieurs,

Chaque année, depuis sa fondation, la Ligue a tenu à
l'ordre du jour de ses travaux, et toutes les deux au
même rang, la question sociale et la question politique,
voyant très-bien, ce que Kant lui-même n'avait pu entrevoir, que les luttes du champ de bataille ne sont
qu'une des formes de la guerre qui existe partout entre
les hommes, et que la vraie paix n'est possible que par
l'introduction dans l'économique, aussi bien que dans la
politique, du principe même de la justice.

Les difficultés du sujet, la divergence des opinions,
l'absence de principes fixes d'où l'on puisse déduire une
conclusion positive, la passion qui de toute part se mêle
fatalement à ces recherches, toutes ces causes ont jusqu'ici empêché la Ligue de serrer d'assez près la question, toujours ajournée, jamais abandonnée. mais jamais
non plus prise ni soulevée corps à corps.

L'effort tenté en 1868 au Congrès de Berne a fini par entraîner, après un vote solennel, la sortie d'une minorité considérable, et vous n'avez peut-être pas oublié la vivacité des débats soulevés, il y a deux ans, dans notre premier Congrès de Lausanne.

Les événements dont Paris est devenu cette année le théâtre, et au milieu desquels deux des membres du Congrès de 1869 ont perdu la vie, font assez voir que la question sociale n'est point de celles qui se peuvent impunément ajourner, et que le devoir des vrais amis de la paix n'est point de l'éluder, mais de la regarder en face, et de l'étudier avec un calme que rien ne puisse troubler.

Voici en quels termes le premier Congrès de Lausanne a tracé au Congrès qui devait le suivre la mission que nous venons essayer d'accomplir.

La question posée devant ce Congrès était la suivante :

« Quels sont les moyens de faire disparaître tout antagonisme économique et social entre les citoyens? »

Voici la résolution votée :

« Le Congrès déclare de nouveau que la question sociale est inséparable de la question politique ; que l'une ne peut être résolue sans l'autre ; qu'il est du devoir de la société de s'occuper incessamment de l'amélioration des conditions générales du travail et de l'échange, en vue de porter remède aux abus sans nombre qui encombrent la société actuelle, toutefois sans jamais porter atteinte à la liberté de l'individu.

» Il ajoute que les conditions politiques suivantes sont indispensables pour qu'une réforme économique puisse être efficace :

» 1° Le gouvernement républicain fédératif ;

» 2° Les lois votées directement par le peuple ;

» 3° L'enseignement obligatoire et gratuit pour la partie éducative ; gratuit à tous les degrés, pour les deux sexes ;

» 4° Abolition des armées permanentes remplacées par
des milices ;

» 5° L'abolition de tous les impôts indirects et leur rem-
placement par l'impôt direct et progressif.

» Il déclare enfin que les mesures économiques les
plus urgentes sont :

» *a)* L'abolition de tout monopole industriel et spé-
cialement des monopoles de transport ;

» *b)* Dans tout ordre de travail, l'intervention du lé-
gislateur en vue d'écarter toute réglementation
particulière de nature à porter atteinte aux principes fondamentaux du droit commun ;

» *c)* L'établissement de syndicats pour les ouvriers
de tout ordre aussi bien que pour les patrons. »

La guerre ayant empêché la tenue du Congrès qui devait s'ouvrir à Zurich le 12 septembre 1870, le Comité
central a maintenu à l'ordre du jour du Congrès actuel la
question posée par le Congrès de 1869, et le rapport de
la Commission au nom de laquelle j'ai l'honneur de
parler.

Cette Commission se compose de MM. A. Gœgg, Yung,
Menn, Sonneman, André Rousselle (1), Simon de Trè-
ves, Ch. Lemonnier.

II

Tous les débats sur la question sociale : légitimité du
salariat, droit au travail, modes d'acquérir et de trans-
mettre les biens, — héritage, legs, — légitimité de l'in-

1) M. André Rousselle, retenu devant les Conseils de guerre de
Versailles par les devoirs de sa profession, s'est excusé de ne pouvoir
assister au Congrès.

térêt et du fermage, rapports du capital et du travail se concentrent sur ce point fondamental :

La propriété individuelle est-elle légitime ? Le droit de propriété doit-il être aboli, maintenu ou transformé ?

Toutes ces questions, l'Économie politique, depuis qu'elle s'est fondée, les a revendiquées et traitées comme étant exclusivement de son domaine. Tout ce qui touche à la formation, à la distribution et à la consommation des richesses, elle a voulu en tracer les lois, et ces lois, elle a prétendu les fonder sur l'observation positive des sociétés humaines.

La pensée d'introduire dans l'économie politique le concept de la justice, et, qui plus est, de l'y introduire comme une règle souveraine destinée, à la fois, à critiquer les travaux des économistes, et à remplacer ces travaux par une science plus complète et plus solidement fondée, marque, à proprement parler, la naissance du Socialisme.

Critiquer l'économie politique, critiquer la constitution des sociétés au nom de la justice, c'est supposer implicitement qu'il existe une science supérieure à l'Économique et à la Politique ; que cette science est faite, et que les démonstrations fournies par elle peuvent déterminer et régler les réformes.

Cette supposition, les socialistes l'ont tous faite ; mais, en réalité, cette science supérieure n'est point achevée : on a beaucoup parlé, beaucoup écrit, depuis un demi-siècle, sur la *Sociologie*, sur la *Science sociale ;* mais nulle part, — c'est la première chose à reconnaître, — les principes ni les déductions de cette science nouvelle n'ont été exposés avec une rigueur suffisante.

Il n'y a point encore de SCIENCE SOCIALE.

Les socialistes ont le plus souvent parlé au nom du sentiment, invoquant la justice, la fraternité, la solidarité, relevant éloquemment le contraste douloureux et irritant de la misère des uns qui s'exténuent au travail, de la richesse des autres qui nagent dans le luxe, corrompus et corrupteurs par l'oisiveté. D'autres ont essayé de chercher, à l'exemple des économistes purs, dans l'observation, soit de la nature humaine individuelle abstraite, soit dans le développement historique des sociétés, les règles de cette science sociale imparfaite à laquelle ils demandaient des solutions qui, la plupart du temps, ont pris la forme de pures utopies.

Bien que ce soit d'hier (Kant a cessé d'écrire en 1797), que la morale ait pu se placer sur le terrain scientifique en se débarrassant du joug de la théologie et de la métaphysique, nous pensons que dès aujourd'hui les premiers principes de cette science sont assez dégagés, et d'une démonstration assez positive, pour qu'il soit possible de lui demander quelque lumière, et d'entrevoir au moins que c'est elle qui doit fournir la base de la science sociale.

C'est donc par des considérations tirées de la morale que nous croyons devoir commencer cette introduction à la question sociale.

III

Personne, je pense, ne contestera que le devoir de tout homme considéré isolément, et, par pure hypothèse, sans aucune relation avec d'autres hommes, ne soit, aussi bien que son penchant et son intérêt, le soin de se conserver, de se perfectionner, de se développer, en poursuivant, autant qu'il sera en lui, ses fins propres.

La souffrance et le plaisir physiques, intellectuels et sentimentaux, la loi morale enfin, lui enseignent ce premier devoir et le poussent à l'accomplir.

Or, la condition fondamentale de l'accomplissement de ce devoir de conservation et de développement, c'est l'appropriation d'une certaine quantité de choses par la personne et pour la personne.

Dès l'origine, on le voit, la Morale et l'Économique se touchent.

Non-seulement la personne humaine ne peut subsister sans une consommation, c'est-à-dire une destruction absolue et constamment renouvelée d'un certain nombre de choses, mais elle ne peut atteindre tout son développement qu'en exerçant la faculté de capitalisation par laquelle l'homme se fait, à la fois, des approvisionnements pour l'avenir et des outils pour le présent.

Ce devoir de se maintenir, de s'entretenir par la consommation des choses, de se perfectionner soi-même par le travail et par la capitalisation des fruits du travail, implique le *droit de propriété*. Je ne puis amasser, je ne puis transformer, je ne puis consommer, à mon heure et à ma fantaisie, que des choses sur lesquelles j'aie un domaine absolu.

Sortons maintenant de l'hypothèse que nous avions faite de l'existence isolée d'une seule personne ; revenons à la réalité, c'est-à-dire à la coexistence de plusieurs. Ici la science morale va faire un grand pas, et la science économique rencontrer une grave difficulté. Nous ne connaissions que les devoirs de la personne envers elle-même ; nous allons connaître la réciprocité des devoirs et des droits ; nous allons voir naître l'idée de justice.

En effet, ce droit d'appropriation sur les choses, qui naît chez la personne de l'intérêt qu'elle a, du devoir qu'elle se reconnaît, de se conserver, de s'entretenir, de se perfectionner, la présence d'une ou de plusieurs autres personnes ne peut le détruire, mais seulement le limiter et le compliquer.

Ces êtres humains, ces personnes que voici, en face et autour de moi, je ne puis leur nier ni le même devoir de se conserver et de se développer, ni, par conséquent, l'exercice du droit que je prétends avoir sur les choses : pour quelle raison aurais-je ce droit et ce devoir sans qu'elles l'aient au même titre que moi?

Suivons les conséquences : puisque le droit de propriété est un droit humain, puisqu'il dérive de la qualité même de personne, toute personne, tout homme, toute femme a naturellement droit à exercer la faculté laborieuse et capitalisatrice par laquelle on devient propriétaire. Je ne puis revendiquer contre lui sans qu'il revendique contre moi.

Le jour où la rareté relative des choses, où la multiplication des personnes nous obligera de compter les uns avec les autres, une alternative fatale sera donc posée : la paix ou la guerre ? l'extermination ou l'association ?

Si l'on écoute la raison, comme il nous est aisé de le faire, à nous qui méditons et conversons sur ces hauteurs sereines de la pensée dont parle le poëte, hors des suggestions impérieuses des instincts, des besoins, de la passion, de la faim, la réponse est toute faite : Associez-vous, nous crient, à la fois, la prudence et le sentiment. Associez-vous ! multipliez vos forces ; centuplez vos ressources ; subjuguez cette nature qui vous asservirait ; domptez par votre union ce monde rebelle dont vous ferez votre esclave.

Quelles seront les bases sacrées, indestructibles, de ce contrat, auquel les hommes sont invités à la fois par la nature qui les presse, et par la raison qui les éclaire?

C'est ici que la Justice va paraître.

Aucune des personnes qui contractent ne peut ni ne doit être diminuée ; respect absolu de chaque personne par toutes les autres, telle est la première condition ;

La seconde condition, c'est le concours entier et sans réserve de chacun pour tous, de tous pour chacun.

La troisième, c'est que chacun soit mis, par l'effet même du contrat, en état de mieux poursuivre ses fins propres : nul ne doit être un moyen pour aucun autre.

Point d'exploitation de l'homme par l'homme.

L'appropriation des choses et l'exercice de la faculté de capitaliser que nous reconnaissions tout, à l'heure, comme étant la condition même de la conservation et du perfectionnement de la personne, loin de disparaître et de s'affaiblir par la formation de la société, devront se fortifier au profit de tous et de chacun.

En un mot, la justice, loin d'exiger le sacrifice de la propriété individuelle, veut, au contraire, que le contrat social non-seulement sanctionne la propriété entre les mains de ceux qui l'ont acquise, mais assure à tous ceux qui l'ont perdue, ou qui n'ont pu l'acquérir, le moyen de la conquérir par le travail.

Point de communauté, sinon volontaire et toujours révocable.

Le même principe, l'AUTONOMIE DE LA PERSONNE, fonde donc, à la fois, la Morale, la Politique, l'Economique.

Si, au lieu d'une simple introduction à la question sociale, nous écrivions un traité, nous devrions, sans quitter encore la sphère d'une société idéale où nous nous sommes jusqu'ici maintenu, déduire les conséquences de ce principe et soumettre à ce critérium absolu : *le maintien de la propriété individuelle*, toutes les questions secondaires : les *contrats* : la vente, le fermage, l'échange, le prêt à intérêt, le louage de services ou salariat; les *modes d'acquérir à titre gratuit* : donation, héritage, testament; *l'impôt :* dette de chaque citoyen envers la commune, envers l'Etat, envers la fédération ; *la famille :* devoirs des pères envers les enfants, des enfants envers les pères ; devoirs des époux. — Partout nous aurions à faire voir les règles que doit abroger, maintenir ou créer l'application du principe que nous venons de poser : « le droit de propriété individuelle fondé directement sur la base même de la morale : l'autonomie de la personne. »

Mais quelque intéressante que fût cette étude, ce n'est

point le lieu de la poursuivre ; elle nous conduirait par trop de détours au but qui nous est assigné.

Nous devons donc aujourd'hui nous arrêter à une première réflexion : la société qui nous entoure, dans laquelle nous sommes nés, dans laquelle nous vivons, est une société de fait très-loin d'être conforme à la société idéale dont la conscience humaine se trace aujourd'hui le plan. Quelles qu'en soient les causes, aucune partie de cette société n'est construite sur le type relativement parfait dont nous avons la notion ; mais la même raison qui nous enseigne cet idéal, la même justice qui nous le retrace, nous commandent impérieusement de tenir, dans nos efforts les plus légitimes vers le mieux, un compte sérieux de ce qui est.

Tous, tant que nous sommes, nous sommes engagés de fait et de naissance dans la fatalité sociale. La solidarité du mal nous étreint ; nul n'a le droit d'en rejeter la responsabilité entière sur quelques-uns ; c'est un fardeau dont il faut que tous se délivrent sans que personne en soit écrasé.

Or, le défaut habituel des réformateurs politiques et sociaux c'est de ne tenir aucun compte de cet écart fatal entre la société de fait et la société de droit ; c'est de conclure perpétuellement de l'une à l'autre ; c'est de faire incessamment ce qu'un philosophe éminent (1) appelle si justement la pétition de fait ; paralogisme terrible quand la faute de logique passe du cabinet dans la rue, quand la faux raisonnement, commencé avec la plume, s'achève avec la mitrailleuse.

Cette difficulté énorme, qui naît de la nécessité politique et morale de tenir un compte sérieux de ce qui est, n'est point la seule que rencontre l'application du principe que

(1) M. Ch. Renouvier.

nous avons posé : « la propriété accessible à tous par le travail. »

Même en se dégageant par la pensée de tous les obstacles qui naissent du fait accompli, même en rentrant dans le pur idéal, le principe de la propriété engendre une contradiction sur laquelle il faut arrêter un moment notre attention.

En supposant qu'au point de départ tous les membres d'une société soient également pourvus et propriétaires des choses nécessaires à l'entretien de leur vie, au développement de leur personne, à l'exercice de leurs facultés laborieuses et capitalisatrices, par cela seul que vous laissez libre entre eux le jeu naturel de leur activité, de leurs passions, de leur industrie ; par cela seul que vous laissez chacun d'eux courir les chances et la responsabilité des succès et des revers, que les forces majeures naturelles, que la diversité des caractères et des facultés ne peut manquer de créer autour d'eux, par cela seul la proportionnalité, ou même l'égalité de biens qui existait, au départ, entre tous se trouvera promptement rompue. En quelques années, en quelques mois, en quelques semaines peut-être, la propriété se sera accumulée dans la main de ceux-ci pendant qu'elle aura coulé de la main des autres : de sorte que le premier et inévitable effet de cette autonomie de la personne, qui est notre règle et notre principe, sera de créer de telles inégalités que l'on reverra, comme aujourd'hui, ici une énorme accumulation de richesses, là-bas la pauvreté et peut-être l'indigence.

En un mot, le principe qui fonde la propriété sur l'autonomie de la personne semble avoir pour conséquence logique un état de choses dans lequel l'inégalité extrême des conditions, rétablie par le jeu même de la liberté, détruit l'autonomie, en replaçant inévitablement les uns sous la dépendance des autres.

Il est vrai que, dans la société idéale dont on trace

alors l'utopie, la loi morale, la loi de justice, étant sentie, voulue et pratiquée par tous, cet écart, entre l'excessive misère et l'excessive richesse, serait incessamment corrigé par la disposition incessante des indigents à recouvrer la propriété par le travail, par la disposition incessante des riches à fournir aux premiers, à des conditions tracées par la justice, les instruments de travail nécessaires.

Mais, ne suffit-il point d'énoncer le problème et la seule solution absolue qu'il comporte, pour découvrir, au premier coup d'œil, combien la difficulté est grande, pour ne pas dire insurmontable, lorsque la question n'est plus de trouver une solution théorique calculée pour une société idéale, mais de faire régner la justice, et la liberté dans cette société de fait où nul ne peut, sans imprudence, s'abandonner à la bonne foi et à la justice des autres !

Cet écart, entre le plus riche et le plus pauvre, il ne s'agit point de l'empêcher de naître... il existe ! Cette accumulation de la propriété sur quelques têtes, cette absence totale de propriété chez le plus grand nombre, c'est le fait social actuel lui-même.

Le remède que nous laissait tout à l'heure entrevoir la contemplation d'une société idéale, où le respect constant et empressé de chacun pour la justice rétablirait constamment l'équilibre rompu par le jeu de la liberté, il n'en faut point parler en face du monde réel, vivant, fatal, où chacun étant, avec raison, préoccupé de se défendre, quand il n'est point préoccupé d'attaquer, ne peut ni compter sur le concours fraternel des autres, ni même donner le sien, sans faire les réserves perpétuellement commandées par la prudence et par le devoir envers soi-même.

Ne parlons point d'une solution par l'autorité : cette solution contredit le principe, et détruit au lieu de bâtir. En effet, puisque la propriété n'est légitime que parce qu'elle assure et garantit l'autonomie, il est évident que si la propriété devenait commune ou était répartie d'autorité, le jeu de la liberté, annulé par un pouvoir extrinsèque, serait la destruction même de l'autonomie.

Il y a deux autres raisons contre l'intervention de l'autorité.

D'abord, l'immoralité probable, possible dans tous les cas, de ceux qui exerceraient cette autorité. Le seul fait d'usurper ou même d'accepter ce rôle autoritaire est un manque de moralité. C'est prouver que l'on ne sent ni ne veut véritablement la liberté, que d'accepter la dictature.

La troisième raison n'est pas moins forte : la propriété, telle que nous la trouvons constituée, a, sans doute, en grande partie, son origine dans la conquête, plus récemment dans l'injustice, dans la ruse, dans l'exploitation de l'homme; mais, pour une partie aussi, et considérable, elle est, entre les mains de ceux qui la possèdent, le fruit du travail, le prix de l'épargne, l'équivalent de services effectifs rendus; les transmissions à titre gratuit elles-mêmes, les donations, les héritages, se sont faits sous la garantie des lois et de la conscience générale. Qui se chargera de reconnaître, dans cette effrayante solidarité du mal et du bien, le légitime et l'illégitime? Qui fera le départ? Sur quelles personnes déterminées pèsera la responsabilité? Pourquoi sur celles-ci, et non point sur celles-là?

Nous n'avons considéré encore que les difficultés qui se rencontrent à faire participer au droit de propriété tous ceux qui vivent; que sera-ce, si nous ajoutons la nécessité et le devoir impérieux de ménager une place aux nouvelles générations qui, chaque jour, viennent la réclamer? Comment, lorsque, en fait, tous les biens, de quelque nature qu'ils soient, sont, à peu d'exceptions près, exactement appropriés; lorsque les détenteurs actuels de ces biens sont déjà si loin d'en avoir la possession et la propriété d'une façon à la fois légitime et sûre ; — comment assurer à tous le droit de propriété que nous reconnaissons pourtant dériver de la personne, et constituer une garantie de vie et de liberté, due absolument à chacun par tous ?

En résumé, le problème social ramené à sa plus simple expression se trouve posé ainsi : théoriquement et pratiquement.

Théoriquement : Concevoir et régler une société telle, que chacun, dans cette société, puisse, en travaillant, acquérir et conserver une propriété suffisante pour assurer, sans léser le prochain, la conservation, l'entretien, le plein développement de sa personne.

Pratiquement : Trouver les moyens les plus propres à transformer la société de fait actuelle en cette société idéale.

IV

Ce que nous avons dit plus haut montre que la constitution de la société idéale ne serait possible que si chacun de ses membres obéissait à la loi morale ; il faut donc reléguer au rang des utopies la constitution pratique immédiate et tout d'une pièce d'une telle société ; car, ou la condition sous laquelle seule elle est possible serait remplie, à savoir, l'obéissance de tous à la loi morale, — et alors cette société ne serait plus idéale, elle existerait par cela seul ; — ou l'on ferait pour l'établir, malgré l'opposition de quelques-uns, des efforts de violence ou simplement d'autorité qui, détruisant le principe même de la société, empêcheraient qu'elle fût établie.

Reste donc qu'ayant par-devers nous, comme exemplaire et type, la conception de cette société, nous agissions sur la société de fait pour la transformer peu à peu en la société idéale.

Ici, votre commission, sans prétendre en aucune façon épuiser le dénombrement complet des moyens pratiques par lesquels peut et doit, dès aujourd'hui, se préparer et se faire cette transformation, range sous trois chefs généraux les moyens de réforme :

1° *Mesures restrictives de l'accumulation excessive de la richesse en quelques mains;*

2° *Mesures assurant la liberté politique et économique;*

3° *Mesures organiques et positives assurant à chacun et à chacune le développement entier de toutes ses facultés personnelles, physiques, intellectuelles et sentimentales.*

V

1° MESURES RESTRICTIVES DE L'ACCUMULATION EXCESSIVE DE LA RICHESSE EN QUELQUES MAINS.

Deux mesures principales peuvent être données comme exemple :

La première, c'est la loi votée, il y a deux ans, par le parlement anglais, qui met le crédit de l'État au service des fermiers irlandais, pour leur assurer la facilité de devenir, par le paiement d'un certain nombre d'annuités, propriétaires de la terre qu'ils cultivent. En donnant cet exemple, nous supposons que la loi ne contraint pas le propriétaire à vendre, et que l'intervention de l'État se borne à faciliter, par une avance de fonds ou de crédit, une transaction toute volontaire et libre.

La seconde mesure serait la mise en vigueur d'un impôt progressif appliqué, moins comme contribution destinée à subvenir aux dépenses sociales, que comme frein à l'accumulation excessive de la richesse.

Il est aisé d'établir l'impôt progressif d'après une formule choisie de telle sorte qu'il ne porte aucun empêchement sérieux à la formation des capitaux ; ceci est une pure affaire de calcul, et nous pouvons dire, en passant, que la mauvaise réputation de cet impôt lui vient surtout de l'ignorance et de la légèreté de ceux qui ont essayé de l'appliquer (1).

On peut néanmoins adresser, à cette mesure, deux critiques : son peu d'efficacité, si l'on ne frappe qu'à une limite placée assez haut pour ne point gêner la capitalisation ; la facilité avec laquelle les gros capitalistes pourront toujours y échapper, en plaçant à l'étranger, c'est-à-dire hors de la fédération, la partie de leur fortune qui serait atteinte.

Nous rangerons encore, parmi les mesures destinées à diminuer l'écart qui tend perpétuellement à se faire entre l'extrême richesse et l'extrême indigence : d'abord, d'une façon générale, la suppression, dans les lois et règlements, de toute disposition constituant un privilége ou une prépondérance en faveur du capital contre le travail ; puis la suppression des impôts de consommation, et l'établissement de l'impôt sur le revenu.

VI

MESURES ASSURANT LA LIBERTÉ POLITIQUE ET ÉCONOMIQUE.

D'abord la suppression de toute dynastie et l'établissement d'un gouvernement républicain qui garantisse les libertés suivantes :

(1) On peut consulter sur cette grave question l'excellent livre publié en 1851 par M. L. Vauthier, ingénieur des ponts et chaussées, ancien représentant du peuple.

Liberté de penser, de parler, de publier ;

Liberté de réunion ;

Liberté de conscience, séparation des Églises et de l'Etat ;

Liberté communale ;

Droit de paix et de guerre retiré au pouvoir exécutif et restitué au peuple pour être directement exercé par lui :

Liberté des contrats ;

Liberté de coalition et d'association ;

Liberté de circulation et d'échange.

Ce serait perdre le temps que de l'employer à démontrer que la libre possession et le plein exercice de toutes ces libertés est la condition même de toute amélioration sociale. Cette vérité est évidente pour quiconque ne demande pas au principe d'autorité, mais au principe de la souveraineté de la conscience individuelle, le progrès politique et social. Pratiquement, le suffrage universel doit être l'instrument de la réforme sociale comme il l'est de la réforme politique.

Cependant, il est trois points sur lesquels nous désirons appeler un instant votre attention.

Parmi les libertés énumérées plus haut, nous avons placé la liberté communale. Personne, je pense, ne contestera la justice et la nécessité de cette liberté ; aussi ne croyons-nous point avoir à la défendre, mais puisque la pensée fondamentale de ce rapport est de faire ressortir le lien qui unit la morale à la politique et à l'économie sociale, il est peut-être nécessaire, surtout après les événements de Paris, de faire remarquer que les libertés communales ont la même origine, la même force, la même imprescriptibilité que les libertés nationales ; la Commune ne dérive point de la Nation, ni la Nation de la Commune ; le droit national n'est point supérieur au droit communal : l'un et l'autre sont engendrés par le droit individuel, par l'autonomie de la personne. Les

communes sont des associations d'individus, les nations
sont des associations de communes ; les mêmes personnes
sont à la fois membres de la commune, membres de la
nation.

Sur la liberté de coalition, nous n'avons qu'un mot à
dire : il est évident que le seul moyen pratique qui soit
à la disposition des salariés pour exercer vis-à-vis des
propriétaires le droit de défense, et conquérir à leur tour
la propriété, en revendiquant, outre la somme strictement
nécessaire pour l'entretien de leur personne et la réparation de leurs forces, une part du produit net, c'est la résis-
tance par voie de coalition.

Que ce droit soit dangereux à manier, que l'emploi en
soit difficile, les résultats souvent désastreux pour tous,
personne ne le contestera ; mais, en regard de la coalition
qui existe pour ainsi dire naturellement entre les propriétaires et les capitalistes contre le non-propriétaire, il
est de toute justice que le travailleur puisse répondre par
un refus de travail et par une contre-coalition.

Ce qui est à souhaiter, c'est que dans les cas de désac-
cord, les questions, au lieu d'être vidées par une grève,
c'est-à-dire par une perte de temps et de forces, soient
décidées par des tribunaux arbitraux élus par les maîtres
et par les ouvriers. Mais pour que ces tribunaux soient
nommés et surtout pour que leurs décisions soient obéies,
il faut que l'ouvrier soit pleinement armé du droit de
faire grève et de se coaliser. M. Nicolet, de Grenoble, a
publié sur ce grave sujet une excellente brochure, dont il
a fait hommage à la Ligue et dont nous ne saurions trop
recommander la lecture.

Le droit d'association est plus précieux encore et surtout plus fécond. L'association, quand elle se forme entre
les maîtres et les ouvriers, soit par une vraie société, soit
par l'admission des travailleurs à une quote-part des
bénéfices, sans qu'ils aient part aux pertes, est le meil-

leur procédé pour opérer, selon la pure justice, le partage du produit net (1) entre le capital et le travail. Que le produit net que laisse après lui en moyenne tout travail exécuté doive se partager entre les deux facteurs du produit : le travail et le capital, c'est, théoriquement, la prescription impérieuse de la loi morale, et pratiquement le vrai moyen d'assurer à tous l'accession à la propriété.

Mais, lorsqu'il s'agit de calculer le salaire, comment évaluer d'avance un produit net qui n'existe pas, qui peut-être n'existera jamais? Il y a là une difficulté que l'association fait disparaître, puisqu'elle attend, pour faire la répartition, la réalisation effective de l'opération.

L'association est, sous un autre aspect, l'instrument de progrès le plus efficace dont puisse user le travailleur.

Il ressort de ce que nous avons dit plus haut, sur le principe de la propriété, que le communisme, envisagé comme moyen général de résoudre le problème social, est, en droit et en fait, le contre-pied de la justice et la négation même du fondement de la morale et de l'économie : l'autonomie et la responsabilité de la personne ; mais si le communisme doit être écarté péremptoirement quand il est question d'une solution générale, il est évident que le communisme établi volontairement, unanimement, temporairement, conventionnellement, entre gens qui se connaissent, s'apprécient et se fient les uns aux autres, doit, en beaucoup de cas, ouvrir aux travailleurs l'issue cherchée, et favoriser largement le progrès vers la propriété individuelle dont il devient ainsi le prolégomène.

(1) Le produit net est la somme de richesse que laisse un travail quelconque après déduction : 1° en faveur du salarié de la somme représentant l'entretien de sa personne, la réparation de ses forces et de ses outils ; 2° en faveur du capitaliste de la somme de ses avances et de l'intérêt de ses débours.

Le communisme, contre lequel il nous tardait de montrer que nous ne portons point de sentence absolue est loin, d'ailleurs, d'être la seule ni même la principale forme de l'association. Le champ des conventions humaines est indéfini ; on sait le bien qu'ont déjà produit les sociétés coopératives, surtout les sociétés de consommation, et ce bien est loin d'être épuisé. Le contrat de société est, parmi tous les contrats, le plus favorable au progrès, parce qu'il est de tous celui qui assure le mieux le respect de la personne. C'est grâce à lui que nous pouvons, dans le sein même de la société brutale et imparfaite qui nous entoure, créer conventionnellement un monde supérieur dont les membres, obéissant à la morale, peuvent, par l'union de leurs forces et l'accord de leur volonté, anticiper sur l'avenir et réaliser entre eux la société idéale dont nous avons la conception.

Tout à côté du contrat d'association, il faut placer le contrat d'assurance, qui, lorsqu'il conserve sa véritable forme, la mutualité, est, au fond, une variété de l'association.

A notre avis, l'assurance devrait passer, de la catégorie des contrats privés proprement dits, dans la classe des mesures sociales prises par la communauté, au profit de ses membres. Cette matière des assurances a besoin d'être étudiée et travaillée plus que nous n'avons le loisir de le faire ici. Parmi les applications les plus heureuses qui en ont été faites, nous citerons l'exemple, récemment apporté à la tribune de l'Assemblée nationale française, d'un département où le Conseil général a institué et fait gérer, sous sa surveillance, une mutualité contre l'incendie dont les résultats donnent une telle économie que les propriétés départementales étant couvertes gratuitement, la quote-part des autres assurés est descendue à une moyenne très-faible.

Cet exemple fait bien voir quel parti on tirera de l'assu-

rance mutuelle quand on voudra la constituer par département, ou, mieux encore, par groupes de départe-
ments.

Que si l'on demande en quoi l'assurance peut faciliter
l'accession à la propriété aux non-propriétaires, nous ré-
pondrons que s'il est évident que ce contrat ne peut rendre aucun service à l'indigence absolue, son effet salutaire
se fait sentir au profit de quiconque a commencé la capitalisation la plus faible, puisque le résultat en est préci-
sément d'annuler les forces majeures qui ruineraient
peut-être pour toujours l'individu laissé à ses seules ressources.

La liberté de l'échange et de la circulation n'est point
mise par nous au rang des libertés nécessaires à l'amélioration sociale, seulement parce que la liberté du commerce abaisse le prix de toutes choses, en ramenant, par
la spécialisation, les frais de production au meilleur mar-
ché possible. Cette liberté touche de très-près à la question de la hausse des salaires.

Qu'on nous permette d'appeler l'attention sur l'intime
connexion des traités de commerce et des lois de douane
avec la question sociale.

Il est très-fréquent que l'impossibilité relative d'élever
les salaires dans une certaine branche d'industrie, chez
un certain peuple, tient à ce que des combinaisons de
tarifs donnent aux fabricants d'une nation voisine la faculté de faire aux premiers une concurrence qui empêche
ceux-ci de consentir l'augmentation qui leur est de-
mandée.

Jamais, en effet, les intérêts du salaire n'ont été pris
directement en considération dans les discussions qui pré-
cèdent la conclusion des traités de commerce. On s'occupe
des prix de revient; on calcule les bénéfices et les pertes
des entrepreneurs et des manufacturiers; mais jamais encore le principe de justice et de paix publique, qui veut que

le produit net se partage entre le travail et le capital, n'a joué le rôle qui lui appartient dans les négociations officielles. L'intérêt des salariés n'est jamais venu qu'indirectement et à la suite. Le jour pourtant n'est pas éloigné où cette considération sera prédominante dans la préparation des traités de commerce, et où de tels traités seront faits expressément en vue de régler d'une façon générale et plus favorable la quotité pour laquelle le salarié pourra participer au produit net ; bien entendu sans qu'il soit porté aucune atteinte à la parfaite liberté des contrats privés.

L'institution des chambres syndicales, qui rend déjà de si grands services dans les cas de grève et de coalition, jouera bientôt un grand rôle dans la préparation des traités de commerce et dans l'élaboration des droits de douane.

VII

MESURES ASSURANT A CHACUN ET A CHACUNE LE DÉVELOPPEMENT DE SES FACULTÉS PHYSIQUES, INTELLECTUELLES ET SENTIMENTALES.

Nous ne dirons qu'un mot de l'assistance publique par la Commune, par le Département, par la Nation, plus tard par la Fédération. Elle doit être laïque et s'étendre aux vieillards, aux infirmes, aux enfants qui se trouvent sans ressource et sans famille ; elle doit comprendre les cas de chômage forcé, qui laissent dans le dénûment même des personnes valides. Pourtant, nous n'appuyons pas tout à fait le devoir d'assistance sur le même principe que le droit de propriété. L'un n'est point la conséquence de l'autre. Celui-là seul, à parler rigoureusement, a droit à devenir propriétaire qui peut et, surtout, qui veut travailler ; ni le vieillard, ni l'infirme, ni le malade ne sont dans ce cas. Le devoir de les secourir naît surtout de cette considération, que l'état de société dans lequel nous vivons forcément, étant la plupart du temps, par les complications incidentées qu'il entraîne, sinon la seule cause, au moins l'une des causes principales des souffrances et des misères qui atteignent ceux dont le sort nous occupe, les personnes qui jouissent des bienfaits de cette société ont, par contre, la charge d'indemniser celles qui en sont en quelque sorte les victimes.

Parmi les mesures que nous proposons, nous ne rangeons ni la distribution par l'Etat des instruments de travail, ni ce que l'on a quelquefois appelé le droit au crédit. La répartition ou même la location par l'Etat, par la commune, par la province, par la nation, par la fédération, des instruments de travail supposant l'abolition préalable de la propriété, se trouve en contradiction formelle avec le principe d'autonomie. Quant au crédit que ferait l'Etat aux individus, sous quelque forme que ce soit, il équivaut à une répartition des instruments de travail et rentre dans le cas précédent.

Il en est tout autrement du devoir d'assurer à tous et à toutes, par la gratuité de l'éducation et de l'instruction à tous les degrés, avec le développement de leurs facultés, le moyen de parvenir par le travail à la propriété. Le droit à l'éducation et à l'instruction est la contre-partie exacte de la propriété ; c'est, à proprement parler, la forme pratique du droit au travail, dont on a tant parlé.

On a dit que c'était le maître d'école prussien qui avait fait la campagne d'Autriche et la campagne de France ; nous dirons, nous, que c'est au maître et à la maîtresse d'école d'Europe que sera due la transformation sociale.

Plus on méditera la formule à laquelle nous avons ramené la question sociale : *Rendre facile à tous l'accession à la propriété par le travail*, et mieux l'on verra qu'il n'est qu'un moyen vraiment efficace pour les propriétaires de payer leur dette envers les non-propriétaires : c'est de mettre chaque non-propriétaire, chaque survenant, garçon ou fille, en plein essor, en plein développement de ses facultés personnelles. Le premier instrument de travail pour l'homme est l'homme lui-même; le premier capital, c'est la possession pleine et entière de ses propres facultés.

Nous ajoutons qu'il faut se hâter de payer cette dette, parce que la diffusion de l'instruction et de l'éducation sont le gage de sécurité le plus assuré que puissent avoir les propriétaires, en même temps qu'elles sont le plus efficace des remèdes contre la misère. Ce progrès devrait précéder et préparer tous les autres.

L'éducation et l'instruction, toutes les deux laïques, l'instruction non-seulement primaire, mais à tous les degrés, secondaire et supérieure, doivent cesser d'être un privilége; elles doivent être mises socialement, c'est-à-dire aux frais de la commune, de la province, de la nation, de la fédération, à la disposition de tous et de toutes.

Nous l'avons déjà dit, répétons-le : le fond de la question sociale n'est point la collectivisation du capital, qui arrêterait avec toute émulation, toute épargne individuelle, et qui d'ailleurs attente à l'autonomie de la personne, en supprimant la propriété, mais le partage librement fait, entre le travail et le capital, du produit net qui demeure après l'attribution à chacun de ses frais et de sa rétribution. Ce n'est que par l'attribution au travailleur de sa portion dans ce produit net que celui-ci peut s'élever à la propriété par l'épargne; et comme il serait contradictoire au principe même que cette répartition fût imposée arbitrairement, il ne reste qu'une voie, c'est qu'elle naisse de la discussion des contrats.

Le problème sous cette face est donc ramené à ces termes : mettre tout travailleur en état, non-seulement de discuter son contrat, mais de donner à sa personne tout le développement, toute la valeur qu'elle peut acquérir.

On voit ici clairement que le jour où, par l'effet incessant de la similitude d'éducation et d'instruction, tout travailleur sera mis vis-à-vis de tout propriétaire sur un pied de parfaite égalité, le capitaliste cessera de dicter la loi, et sera naturellement forcé, pacifiquement, sans violence, par le simple exercice de la liberté, de consentir une série de transactions dont la tendance inévitable sera de multiplier sans cesse le nombre des personnes qui, réunissant, à la fois, la double qualité de capitaliste et de travailleur, formeront le vrai noyau de la société transformée.

Ce n'est pas seulement sous le rapport de la valeur industrielle, commerciale, agricole, scientifique, artistique donnée à l'individu que doit être considérée cette diffusion universelle de l'éducation et de l'instruction, il faut y voir aussi l'élévation du niveau moral.

La différence de richesse n'est pas aujourd'hui la cause la plus efficace de l'inégalité entre les hommes ; la différence d'habitudes, de mœurs et de connaissances est ce qui sépare le plus, maintient l'exploitation et forme le principal obstacle à la pratique de l'égalité.

Quand le vrai trésor public, j'entends le trésor des connaissances, des sciences, des traditions, sera ouvert, accessible, distribué chaque jour à toutes et à tous, les classes disparaîtront, le niveau s'établira, il ne restera plus, de personne à personne, que les différences légitimes : les différences de valeur individuelle.

Puisque le régime de la liberté a pour traduction économique le régime des contrats, c'est-à-dire de la propriété, la justice veut que les contractants soient mis, autant que possible, en état de discuter sur le pied de l'égalité les conditions de leur convention.

Puisque la légitimité de l'intérêt, du fermage, du salaire sont les conséquences nécessaires du principe de la propriété que nous déclarons la pierre angulaire du monde économique, c'est une conséquence forcée de par la justice que l'emprunteur, le fermier, le salarié soient mis, par une instruction complète, en état de connaître, de revendiquer et de faire valoir leurs droits.

Il faut donc que, sous le double rapport des connaissances acquises et de la dignité morale, tout travailleur et tout capitaliste soient, en fait et en droit, sur un pied de parfaite égalité ; l'universalité et l'identité de l'éducation et de l'instruction peuvent seules accomplir cette transformation.

Insistons pour bien déterminer le caractère que doit avoir cette institution de la gratuité universelle de l'éducation et de l'instruction laïques. Elle est la conséquence directe du principe même de la propriété ; elle est la rançon, ou, pour employer un terme moins dur, elle est la compensation, l'équivalent de la propriété acquise ; elle est la transformation du droit au travail. Elle est donc la garantie et la condition de la paix publique.

La conséquence de ce caractère reconnue à l'institution sociale de la gratuité de l'éducation et de l'instruction, c'est que les frais en sont dus, et doivent être supportés par les propriétaires et non par les non-propriétaires.

Ceci nous mène à dire un mot de l'impôt, dont nous regrettons que les limites de ce travail nous empêchent de parler plus longuement.

Nous savons très-bien que la solidarité qui unit toutes les parties de l'édifice économique fait que l'impôt, sur quelque point qu'il soit prélevé, ayant toujours pour effet de détourner, pour en faire une certaine application, une quote-part des richesses existantes, l'effet s'en fait toujours sentir à tous les membres du corps social ; mais il n'en est pas moins vrai que, suivant que le prélèvement se fait directement sur la portion du revenu net qui demeure aux mains du propriétaire, ou sur le prix plus élevé dont le travailleur paie les choses de sa consommation, l'impôt atteint plus ou moins le travailleur et gêne plus ou moins la formation du capital entre ses mains.

Nous n'hésitons point, en conséquence, à dire que la gratuité de l'éducation, de l'instruction, étant une dette de la propriété et du capital, la raison veut, non moins que la justice, que cette dette se paie au moyen d'un impôt frappé sur le revenu.

VIII

Beaucoup jugeront, sans doute, fort incomplet le programme que nous venons de développer, et nous comprenons qu'il paraisse tel à ceux qui voudront le comparer soit aux utopies socialistes, qui annonçaient, il y a quarante ans, une rénovation subite de la face de la terre, soit aux doctrines plus récentes, qui réclament la « liquidation sociale. »

Mais les esprits plus calmes, plus instruits, plus réfléchis, qui comprennent qu'il ne peut et surtout qu'il ne doit point y avoir de solution de continuité entre la société actuelle et la société future, que le progrès économique doit être une transaction incessante entre les deux facteurs de la richesse humaine, le travail et le capital, et que la question sociale consiste essentiellement à introduire entre ces deux facteurs, ou plutôt au-dessus de tous les deux, la notion fondamentale de toute justice, savoir : le respect égal de toute personne humaine, ceux-là, nous l'espérons, seront d'un avis différent, et comprendront que de tous les moyens légitimes, c'est-à-dire justes, de garantir à tous les membres de la société le droit d'arriver par le travail à la propriété, le seul qui puisse agir avec une grande efficacité et sur une échelle universelle, c'est la gratuité de l'éducation et de l'instruction.

Si l'on veut bien considérer enfin que, suivant notre programme, la dépense très-considérable (1) qu'entraîne cette gratuité universelle de l'instruction et de l'éducation doit être exclusivement supportée par les propriétaires au profit des non-propriétaires, on verra que, si juste et si pacifique que soit cette mesure, nulle autre ne sera, dans le vrai sens du mot, plus révolutionnaire.

Seulement ici, le mot *révolution* se trouve le synonyme exact du mot *justice*. Car, encore un coup, si la propriété est un droit humain et dont l'exercice libre et garanti doit être le premier objet du contrat social, c'est une conséquence forcée que l'institution sociale soit réglée de telle sorte que ceux qui sont arrivés à la propriété en aient la jouissance assurée, et que ceux qui n'y sont point encore parvenus aient la certitude et le moyen de l'acquérir en travaillant.

Un mot avant de terminer : nous ne tenons point pour fermée la liste des mesures par l'application successive desquelles nous croyons que peut être résolu le problème ; nous croyons, au contraire, que le jeu naturel de la liberté doit multiplier ces mesures d'une façon indéfinie. La seule chose que nous voulions fixer, c'est le point de départ, c'est-à-dire la détermination de ces vérités fondamentales :

L'Économie, aussi bien que la Politique, doit être une application de la Morale ;

La Morale est elle-même fondée sur l'Autonomie, c'est-à-dire sur l'indépendance et la liberté de la personne ;

Le droit de propriété, sans lequel il n'est pour la personne ni indépendance, ni liberté, ni autonomie, est l'objet principal du contrat social ;

La société doit donc garantir à tous ses membres l'ac-

---

(1) 800.000.000 ou un milliard pour la France.

cession à la propriété par le travail, s'ils ne l'ont point acquise encore.

Ces principes posés, les questions qui restent à vider sont des questions de voies et moyens sur la solution desquelles on comprend aisément des variations et des différences.

Il nous reste à remercier les personnes dont les travaux nous ont aidé dans l'exécution du nôtre. Nous avons déjà dit quelques mots d'une brochure sur les *Grèves ouvrières*, envoyée par M. Nicolet, de Grenoble ; nous mentionnerons avec reconnaissance un travail remis il y a deux mois, par M. Bruguon, d'Epinal ; un bon mémoire adressé par M. Goron ; une remarquable brochure de M. Talandier (1) ; enfin nous ne serons que juste en déclarant quel profit nous avons tiré de l'excellent livre publié, il y a trois ans, par M. Renouvier : *la Science de la morale.*

IX

Voici maintenant, mesdames et messieurs, avec les considérants qui le développent, le projet de résolutions que nous avons l'honneur de vous soumettre :

QUESTION SOCIALE.

Considérant que l'autonomie, c'est-à-dire la pleine liberté de la Personne est le principe fondamental de la Morale, de la Politique et de l'Economie sociale ; que le droit de propriété est la conséquence directe, en même temps que la condition et la garantie de cette autonomie ;

(1) *La Conciliation.*

— 33 —

Que le droit de propriété et la faculté de capitalisation
qui en dérive sont donc essentiellement des droits humains, qui n'ont d'autres limites que le respect de l'individu pour soi-même, et le respect des mêmes droits chez
les autres personnes ;

Considérant que, dans les sociétés de fait qui existent
telles que les ont créées l'occupation, la conquête, le travail, la tradition et les lois positives, la propriété se
trouve répartie, et la faculté de capitalisation exercée de
telle sorte que le plus grand nombre des membres de ces
sociétés sont en fait, sinon eu droit, privés de tout accès
au droit de propriété, et par conséquent restreints et
lésés dans leur personne ;

Considérant que toute destruction par la force de la
société de fait existante aujourd'hui, et toute tentative
pour substituer violemment à cette société une société
idéale plus parfaite, serait, d'une part, contradictoire au
principe même de souveraine justice sur lequel on préten-
drait s'appuyer, et de l'autre infructueuse et vaine, puisque
la violence qui détruirait la société actuelle ne détruirait
pas les causes humaines ou fatales qui ont créé cette
société ; que, dès lors, c'est par une transformation pacifique, graduelle, mais universelle et continue de ces sociétés, et avant tout des mœurs qui les ont créées, qu'il faut
réaliser la révolution radicale, nécessaire et légitime que
doivent subir ces sociétés ;

Considérant que l'objet le plus général de la révolution
sociale doit être l'extension et l'attribution à tous et à toutes du droit de propriété,

Le Congrès déclare :

1° Que l'objet principal de la réforme sociale est d'assurer et de garantir, à tous et à toutes, l'accès le plus facile
possible par le travail à l'exercice du droit de propriété ;

— 34 —

2º Que les moyens les plus efficaces de hâter l'accomplissement de cette réforme lui paraissent les suivants :

A. L'établissement chez chaque nation du gouvernement républicain ;

La formation d'une fédération républicaine des peuples d'Europe ;

La liberté de penser, de parler, de publier ;

La liberté de réunion ;

La liberté de conscience, réalisée par la séparation des Eglises et de l'Etat ;

La liberté communale ;

Le droit de paix et de guerre exercé directement par le peuple ;

La liberté des contrats ;

La liberté de coalition et d'association ;

La liberté de circulation et d'échange.

B. La révision immédiate, par des jurys composés en nombre égal de capitalistes et de travailleurs, de toutes les lois et de tous les règlements qui régissent les rapports des travailleurs et des capitalistes ; cette révision, faite sur le principe d'une parfaite réciprocité (1), *et en vue de garantir au travailleur par de bonnes lois le prix de son travail* (2).

C. L'établissement et l'entretien, par la commune, par la province, par la nation, par la future fédération des Etats-Unis d'Europe, d'une assistance publique, laïque, assurant aux enfants abandonnés, aux infirmes, aux vieillards sans ressource et sans famille, et, en certains cas de chômage, aux valides eux-mêmes, l'aide et les secours nécessaires.

(1) Les mots en italique indiquent les amendements introduits par l'Assemblée dans le texte primitif.

(2) Amendement de M. Gorge.

La reprise par l'État, moyennant indemnité, des chemins de fer et des assurances (1).

D. **Par-dessus tout et avant tout, l'établissement et l'entretien, par la commune, par la province, par la nation, par la fédération européenne d'un système complet d'éducation et d'instruction *générale, professionnelle* (2), laïque, gratuite, pour tous et pour toutes, à tous les degrés, obligatoire au degré primaire; établissement auquel il sera pourvu au moyen d'un impôt sur le revenu.**

(1) Amendement de M. Sonneman.
(2) Amendement de M. Bellenger.

TOULOUSE, IMP. A. CHAUVIN ET FILS.

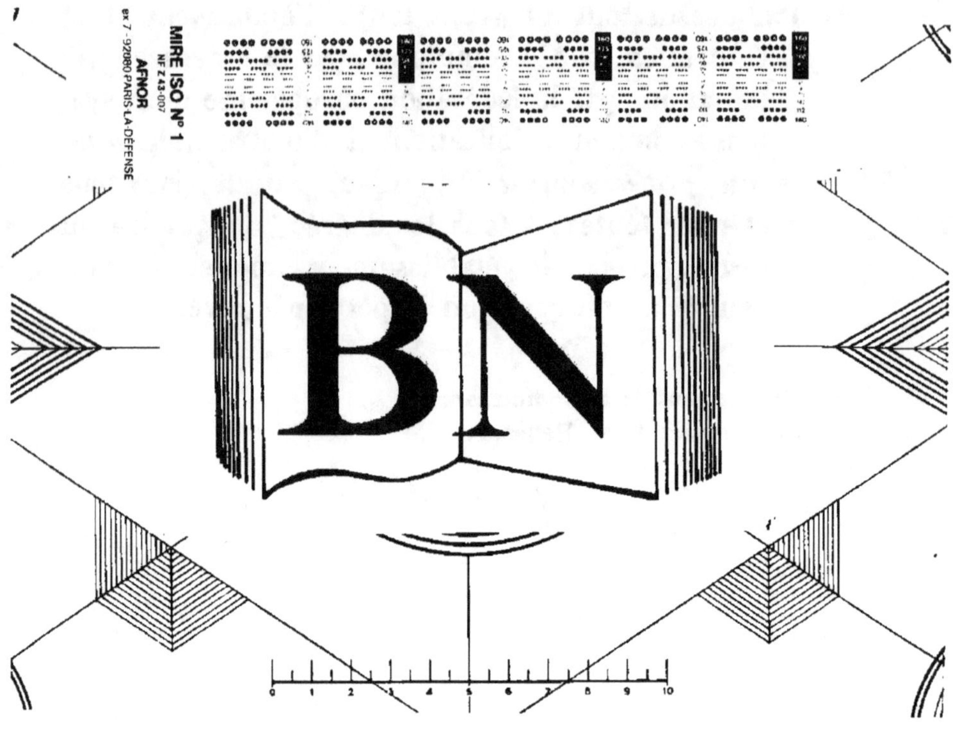
MIRE ISO N° 1
NF Z 43-007
AFNOR
ex 7 - 92080 PARIS-LA-DÉFENSE
BN
0 1 2 3 4 5 6 7 8 9 10

www.ingramcontent.com/pod-product-compliance
Lightning Source LLC
LaVergne TN
LVHW050318030726
842520LV00005B/1659